Pour les enfants de Verrières qui ont inspiré Les Puces

Marigold Plunkett

First published by Les Puces Ltd in 2015
ISBN 978-0-9931569-6-0

Egalement disponible sur notre site

Consultez notre boutique en ligne sur www.lespuces.co.uk

L'HIVER

Marigold Plunkett

Bonjour !

Brrr il fait froid !

Quel temps fait-il aujourd'hui ?

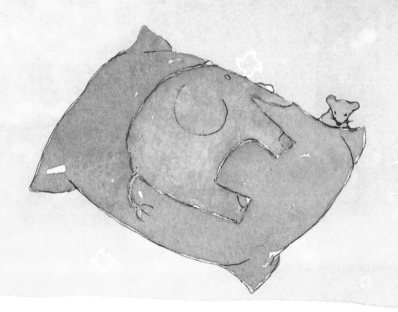

Une véritable journée d'hiver.

Il neige !

Vite, habillons-nous.

Qu'allons-nous porter ?

Des habits chauds en tout cas !
Il nous faut nos jeans, nos
pullovers en laine et
des chaussettes
épaisses.

Nous allons en France pour fêter Noël avec Mamie et Papi ! Il ne faut pas que nous oublions nos manteaux, nos écharpes et nos bottes en caoutchouc.

Nous sommes prêts à partir, mais est-ce que le Père Noël nous trouvera en France ?

Comment y allons-nous ?
En bateau, en avion,
en train ou en voiture ?

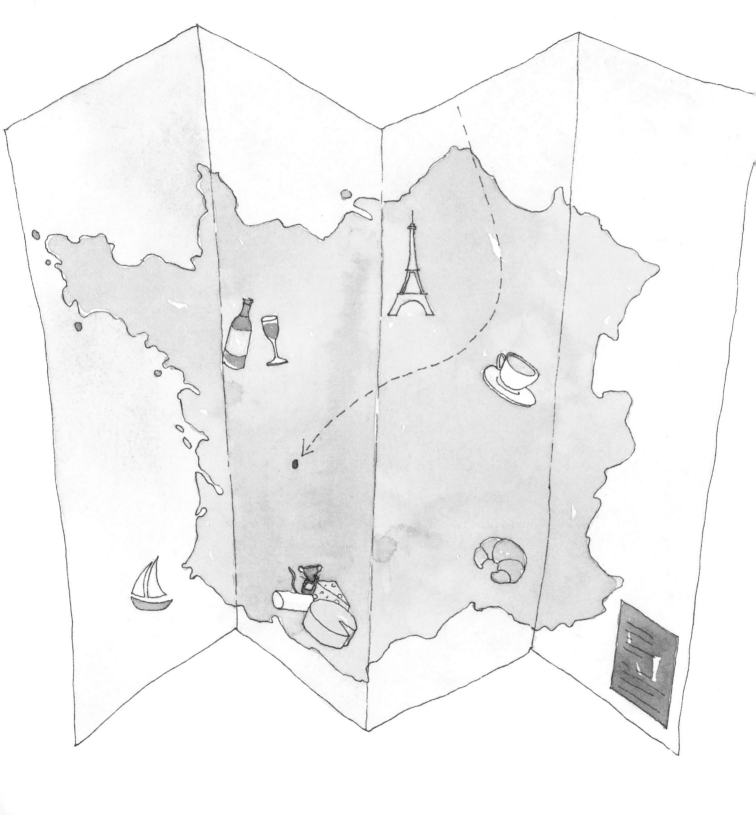

Nous traverserons la Manche en mettant la voiture dans le train qui passe sous la mer. Il s'appelle l'Eurotunnel.

Quel long voyage !

On est bientôt arrivés ?

On s'ennuie.

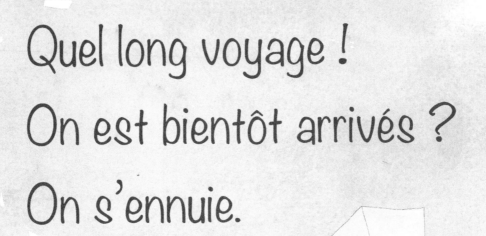

Nous sommes enfin arrivés !

Même Leo est fatigué.

Allons directement au lit.

On adore les petits déjeuners français ! Notre journée s'annonce chargée. C'est la veille de Noël et nous devons rester réveillés jusqu'à très tard pour le Père Noël parce qu'il vient en France ce soir.

Nous allons faire les courses avec Mamie pour acheter les ingrédients spéciaux pour préparer le repas de Noël ce soir.

Bûche de Noël

Ingrédients

Gâteau
100g de Sucre

100g de Farine

5 œufs

Sucre Vanillé

Crème
100g Sucre en poudre

½ tasse à café d'eau

3 jaunes d'œuf

Le gâteau de Noël français
s'appelle une Bûche de Noël.
En Angleterre ça s'appelle
une Yule Log.

De quoi avons-nous besoin ?
De sucre, d'œufs, de chocolat,
de framboises, de crème et de
poudre de cacao.

Ça a l'air délicieux, et nous l'avons fini juste à temps pour le dîner, mais est-ce que le Père Noël nous trouvera ici ?

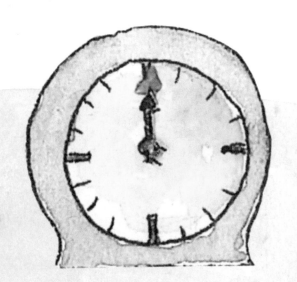

Il est minuit et nous sommes fatigués. En Angleterre il faut aller au lit très tôt parce qu'il vient pendant la nuit. Il faut qu'il passe en France d'abord ! Ecoute !... Quel est ce bruit ?

C'était le Père Noël !

Regarde tous ces cadeaux !

Il nous a bien trouvés !

Il a même pensé à Leo !
Joyeux Noël Leo !

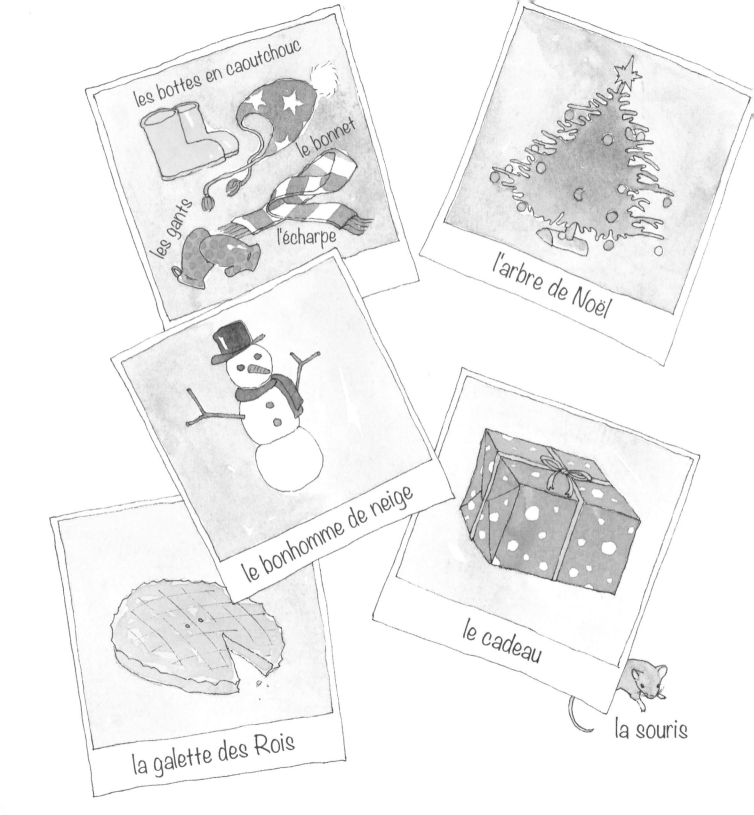

les bottes en caoutchouc

le bonnet

les gants

l'écharpe

l'arbre de Noël

le bonhomme de neige

le cadeau

la souris

la galette des Rois

the mouse

the galette des Rois

the present

the snowman

the Christmas tree

scarf

gloves

woolly hat

welly boots

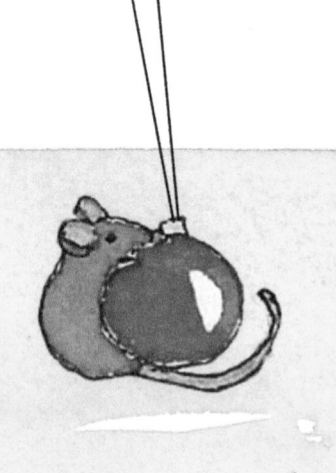

He even remembered Leo!
Happy Christmas Leo!

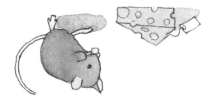

It was Father Christmas!
Look at all the presents!
He did find us!

It's midnight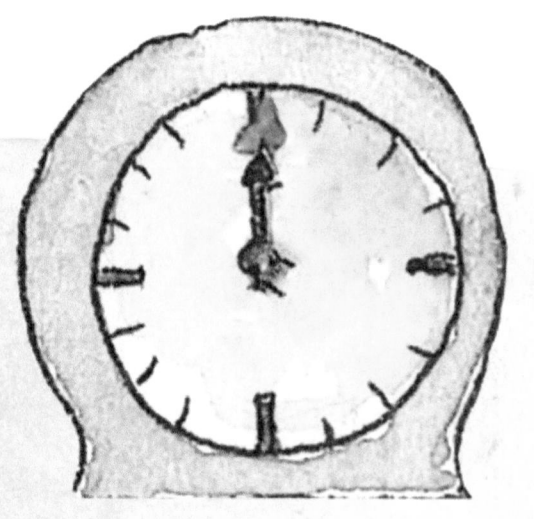
and we are tired.
In England we have to go to
bed early on Christmas Eve as
he comes in the night. He must
visit France first! Listen! ...
What was that noise?

It looks delicious, and we finished it just in time for dinner - but will Father Christmas find us here?

What do we need?
Sugar, eggs, chocolate, raspberries,
cream and cocoa powder.

A Bûche de Noël is the French Christmas cake. In England we call it a Yule Log.

Bûche de Noël

Ingrédients

Gâteau
100g de Sucre
100g de farine

5 œufs
Sucre vanillé

Crème
100g Sucre en poudre
½ tasse à café d'eau
3 jaunes d'œuf

We are going shopping with Granny to buy special ingredients for the Christmas meal tonight.

BOULANGERIE PATISSERIE

We love French breakfast!
We have a busy day ahead.
It's Christmas Eve and we
have to stay up really late for
Father Christmas, as he
comes to France

this evening.

Finally we've arrived!
Even Leo is tired.
Let's go straight to bed.

What a long journey!
Are we nearly there yet?
We're bored.

We are going to cross the
Channel by taking the car on
the train that goes under
the sea. It's called
Eurotunnel.

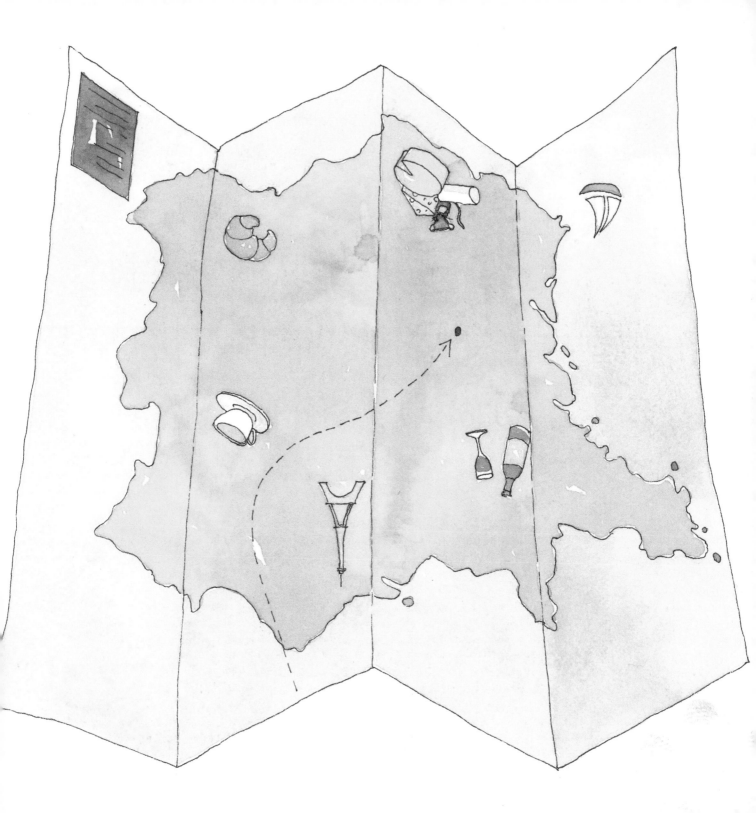

How will we get there?
By boat, by airplane,
by train or by car?

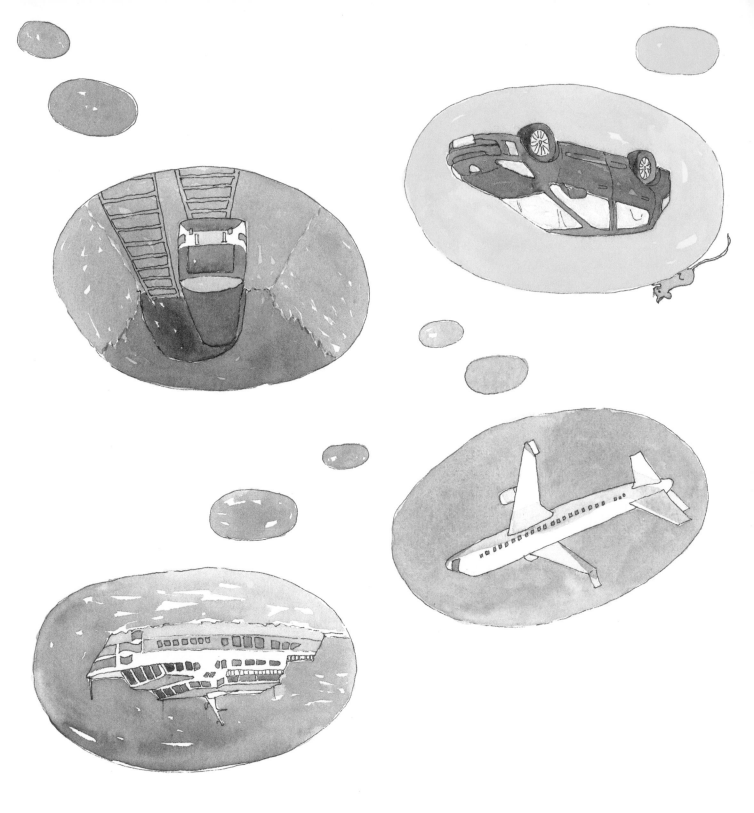

We are ready to go, but will Father Christmas find us in France?

We're off to France to spend Christmas with Granny and Grandad! We mustn't forget our coats, scarves and welly boots.

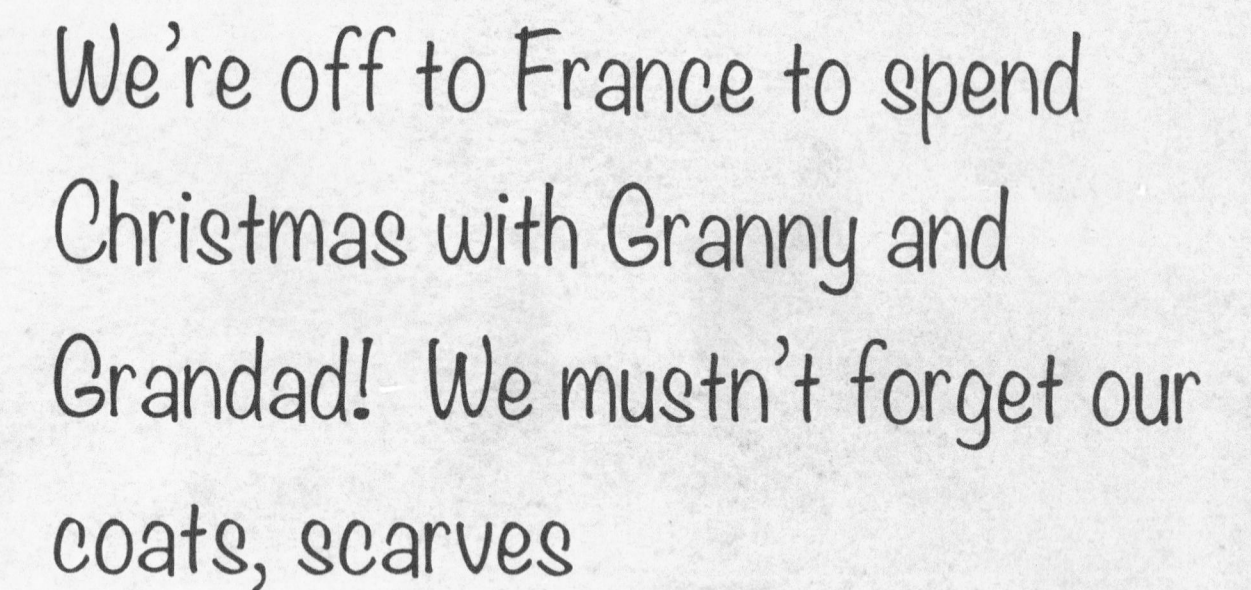

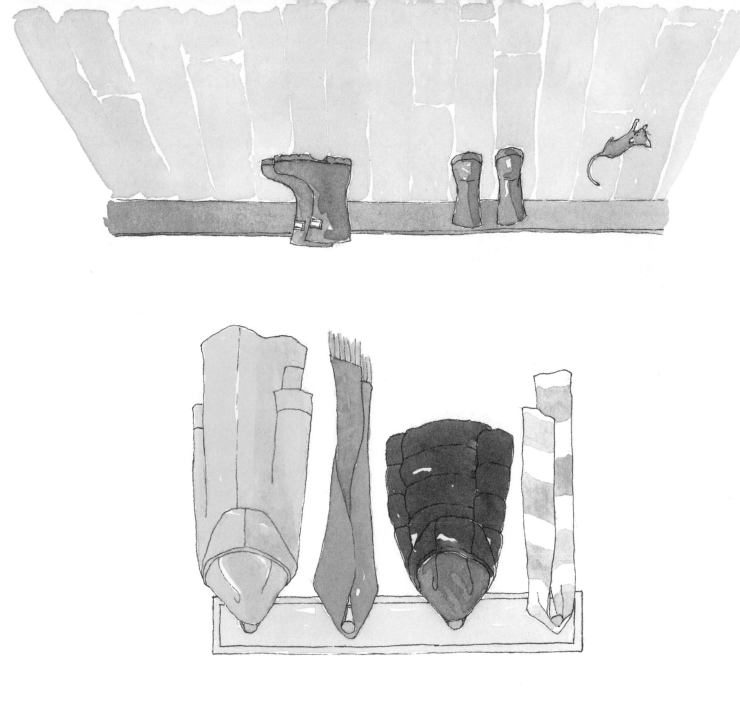

Warm clothes for sure.
We need our jeans,
wooly jumpers
and thick socks.

Quickly, let's get dressed.
What shall we wear?

A real winter's day.
It's snowing!

Good morning!

Brrr it's cold!

What's the weather like today?

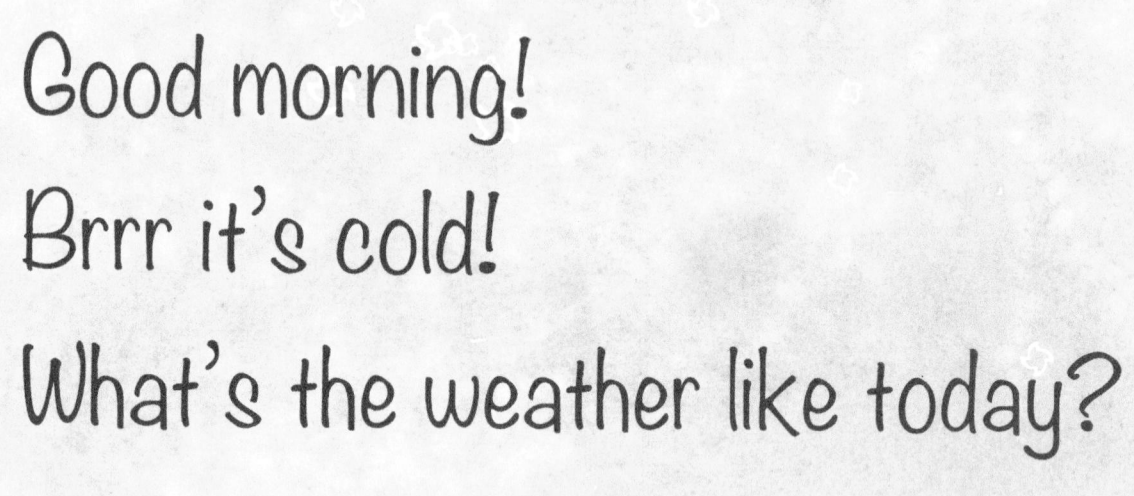

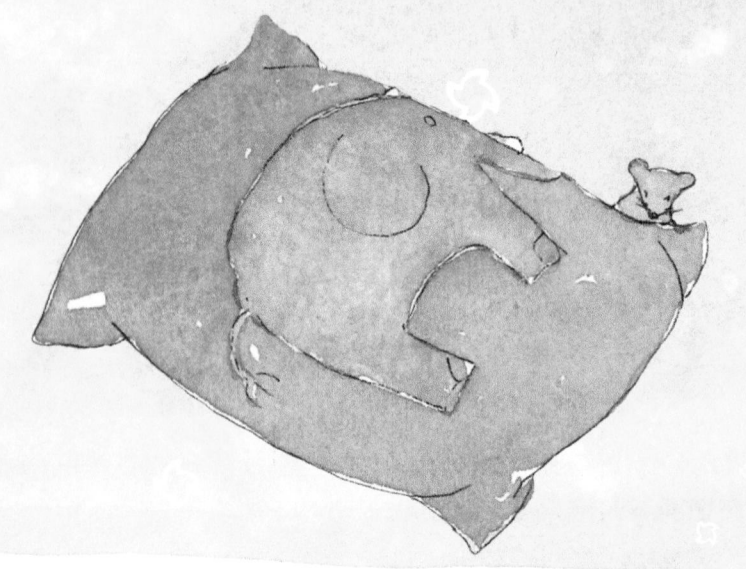

Winter

by Marigold Plunkett

Also available from Les Puces

Visit the shop on our website at www.lespuces.co.uk

For the children of Verrières who inspired Les Puces

Marigold Plunkett

First published by Les Puces Ltd in 2015
ISBN 978-0-9931569-6-0
© 2015 Les Puces Ltd
www.lespuces.co.uk
Original watercolour paintings © 2015 Marigold Plunkett and Les Puces Ltd